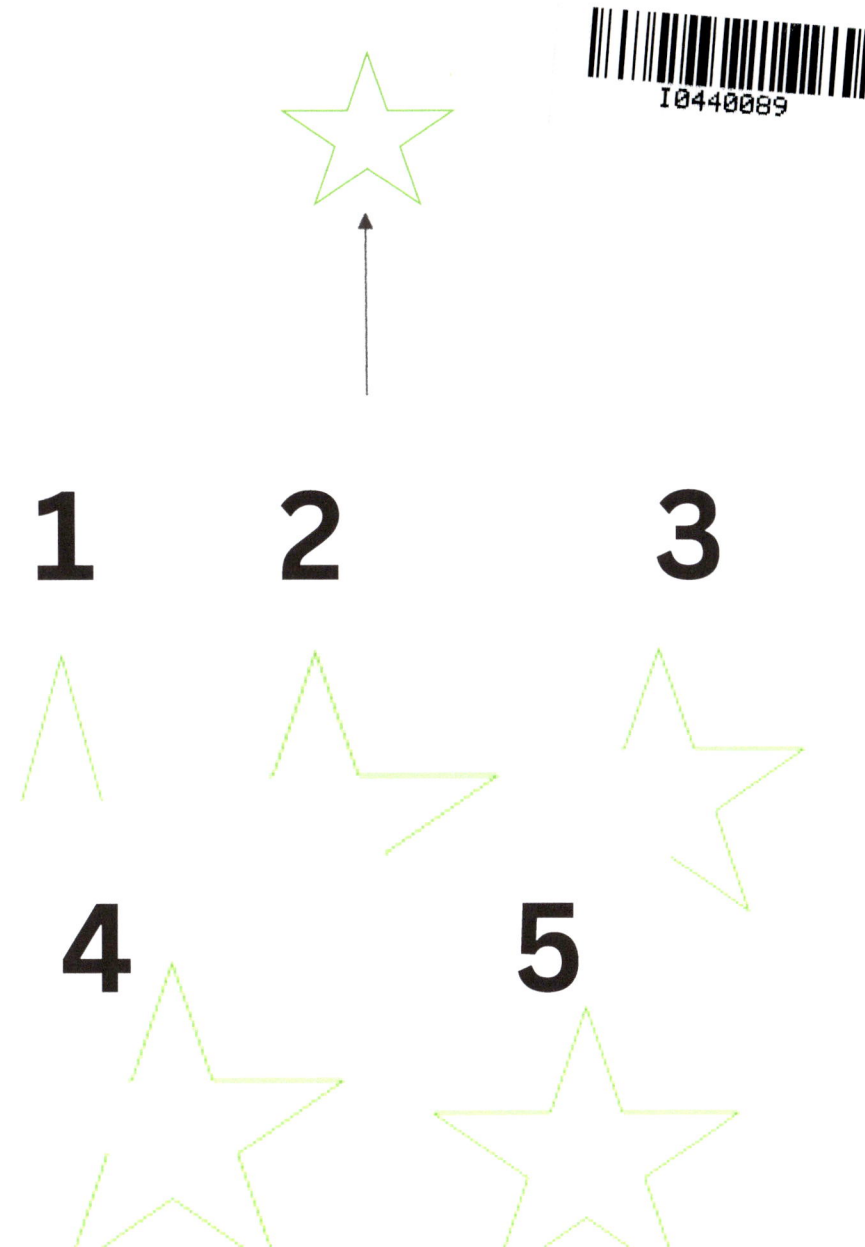

1 **2** **3**

4 **5**

Design a star at the upper middle centre with the help of pencil

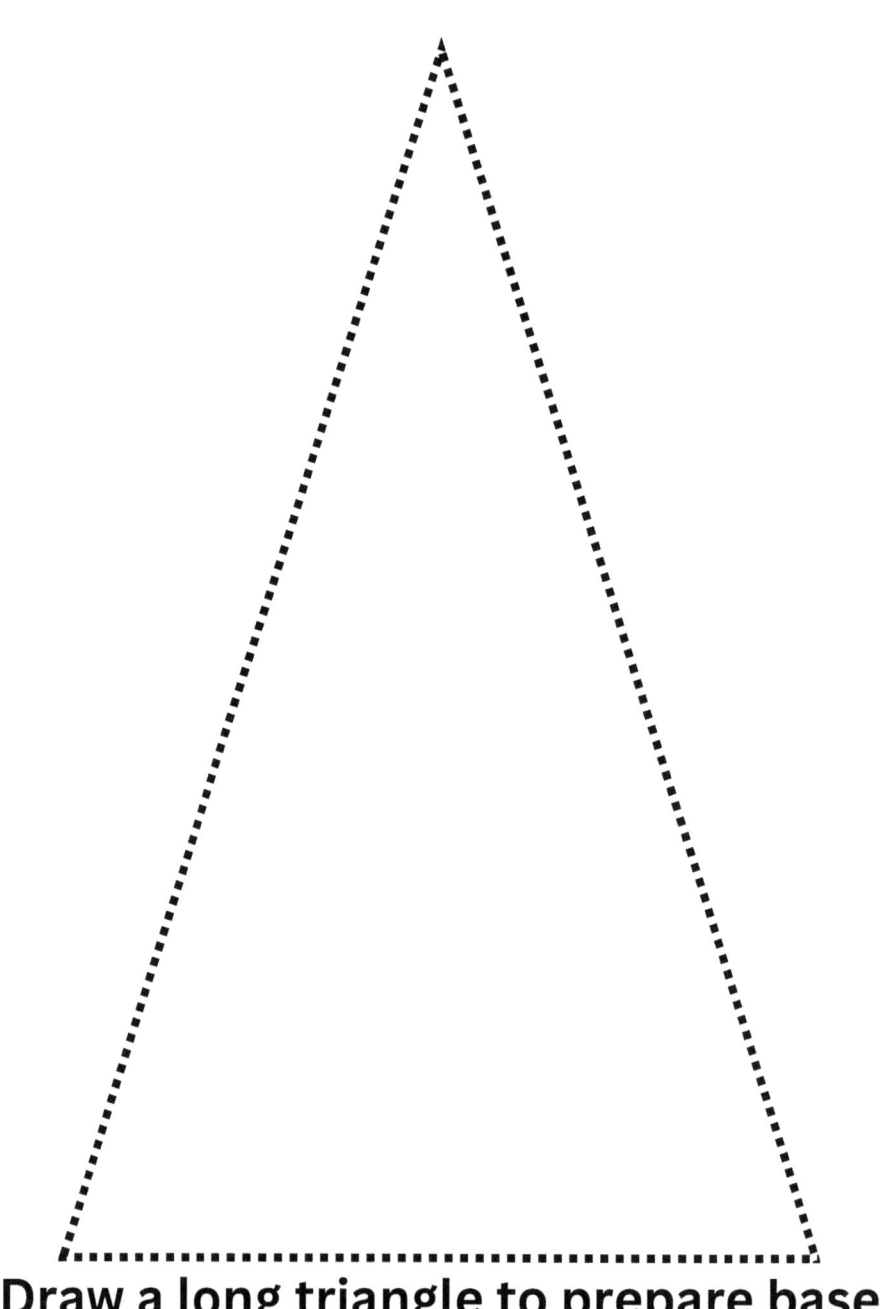

Draw a long triangle to prepare base of each christmas tree

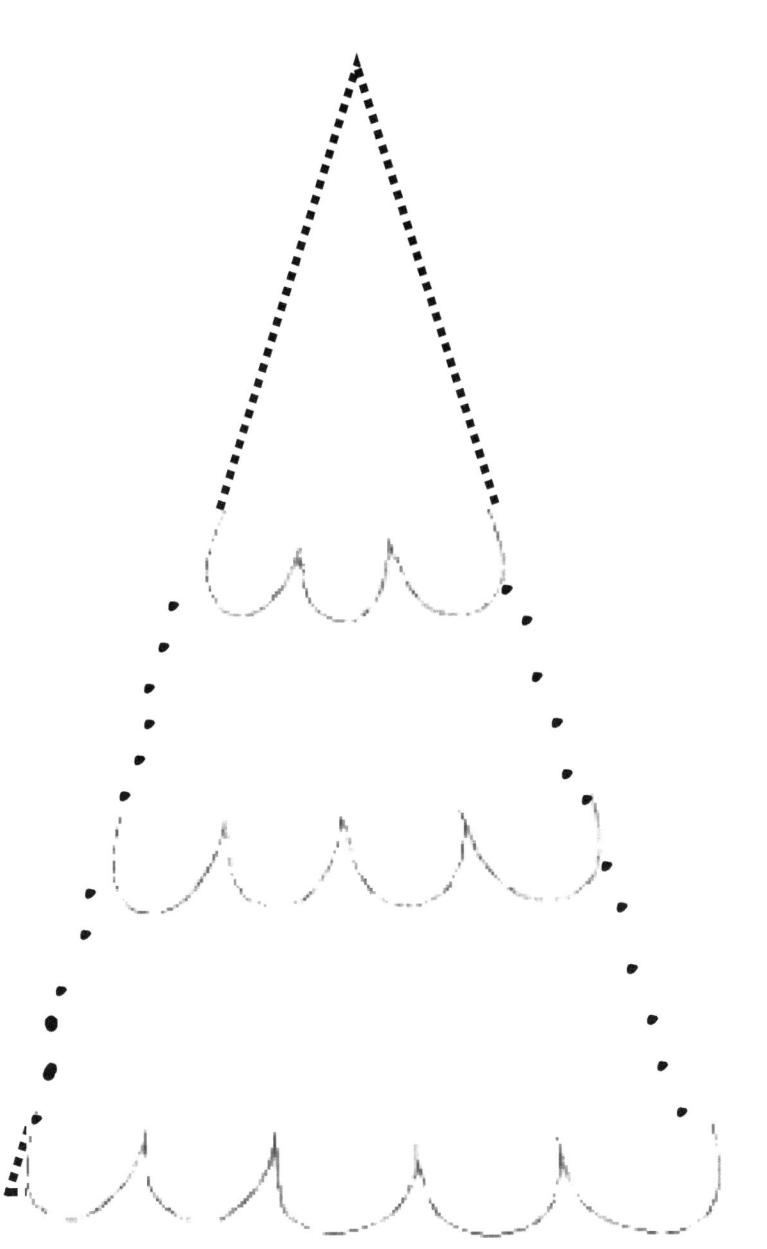

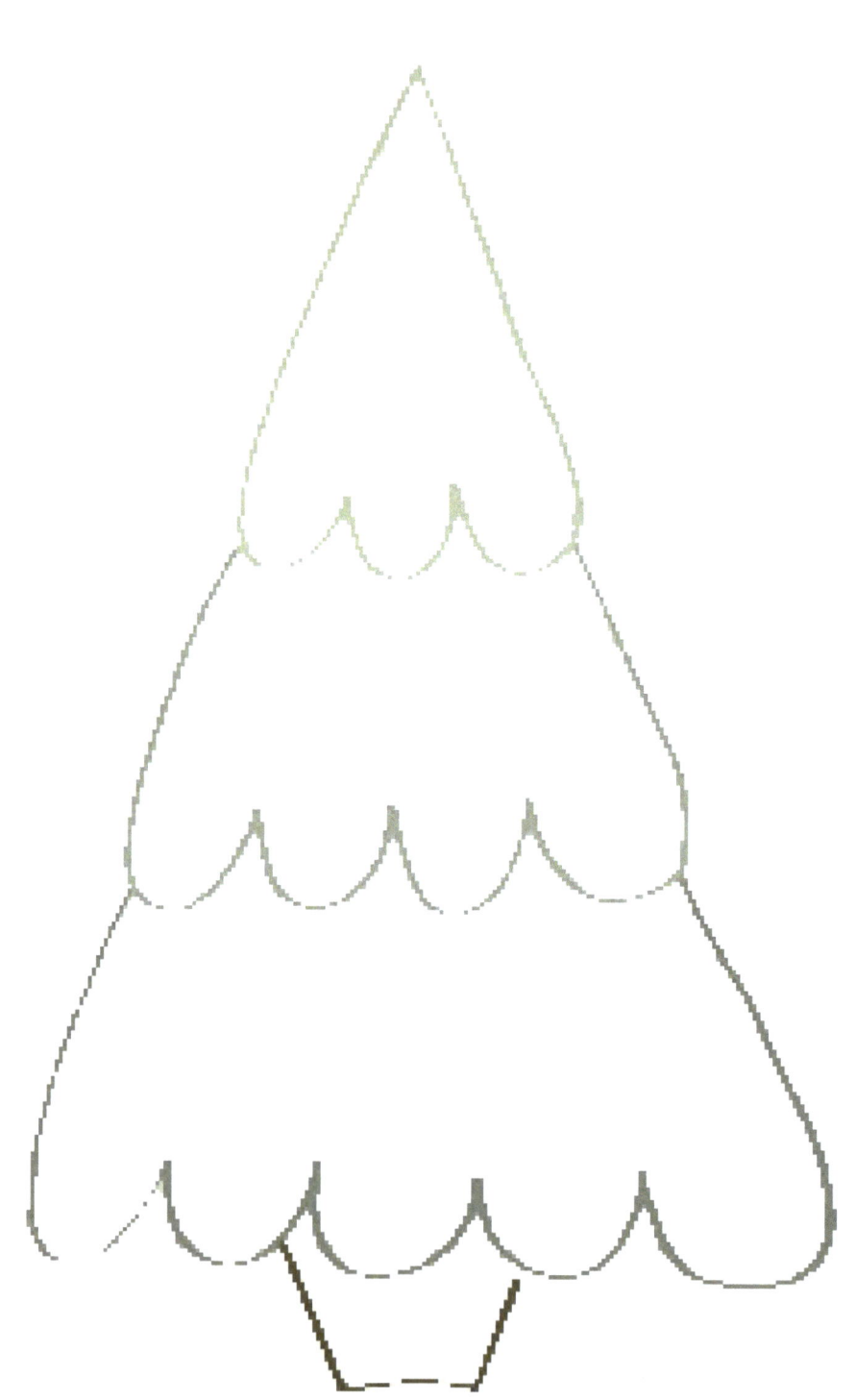

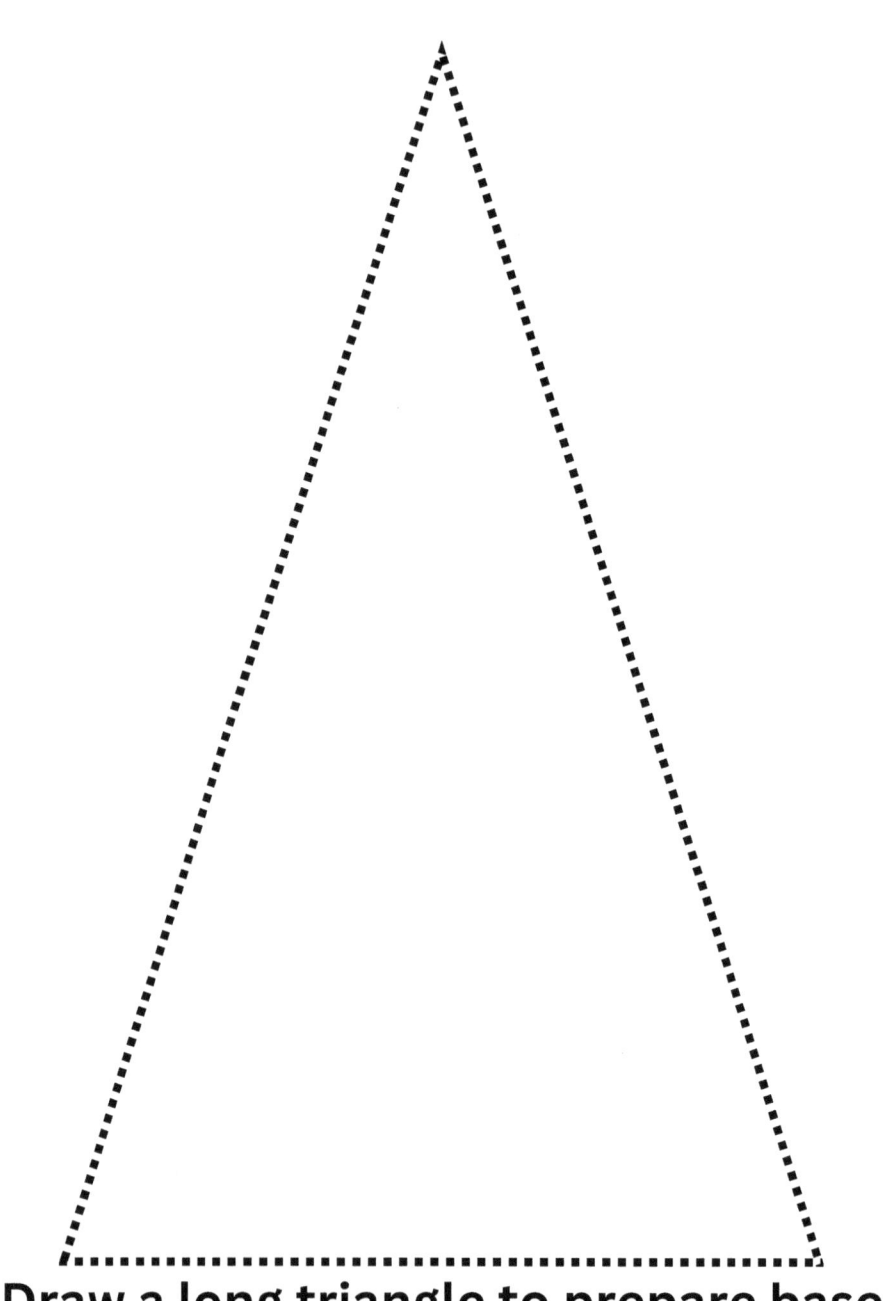

Draw a long triangle to prepare base of each christmas tree

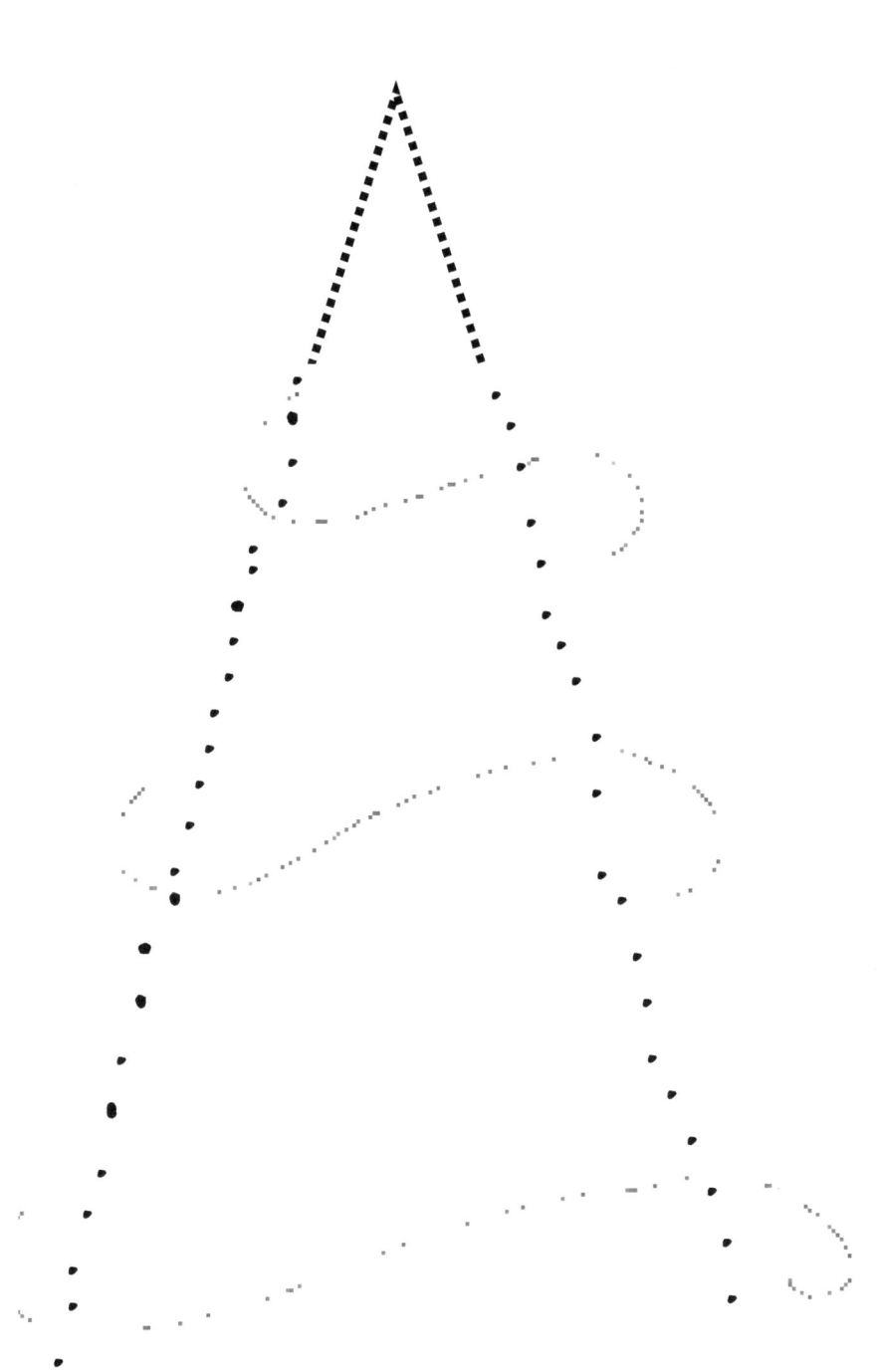

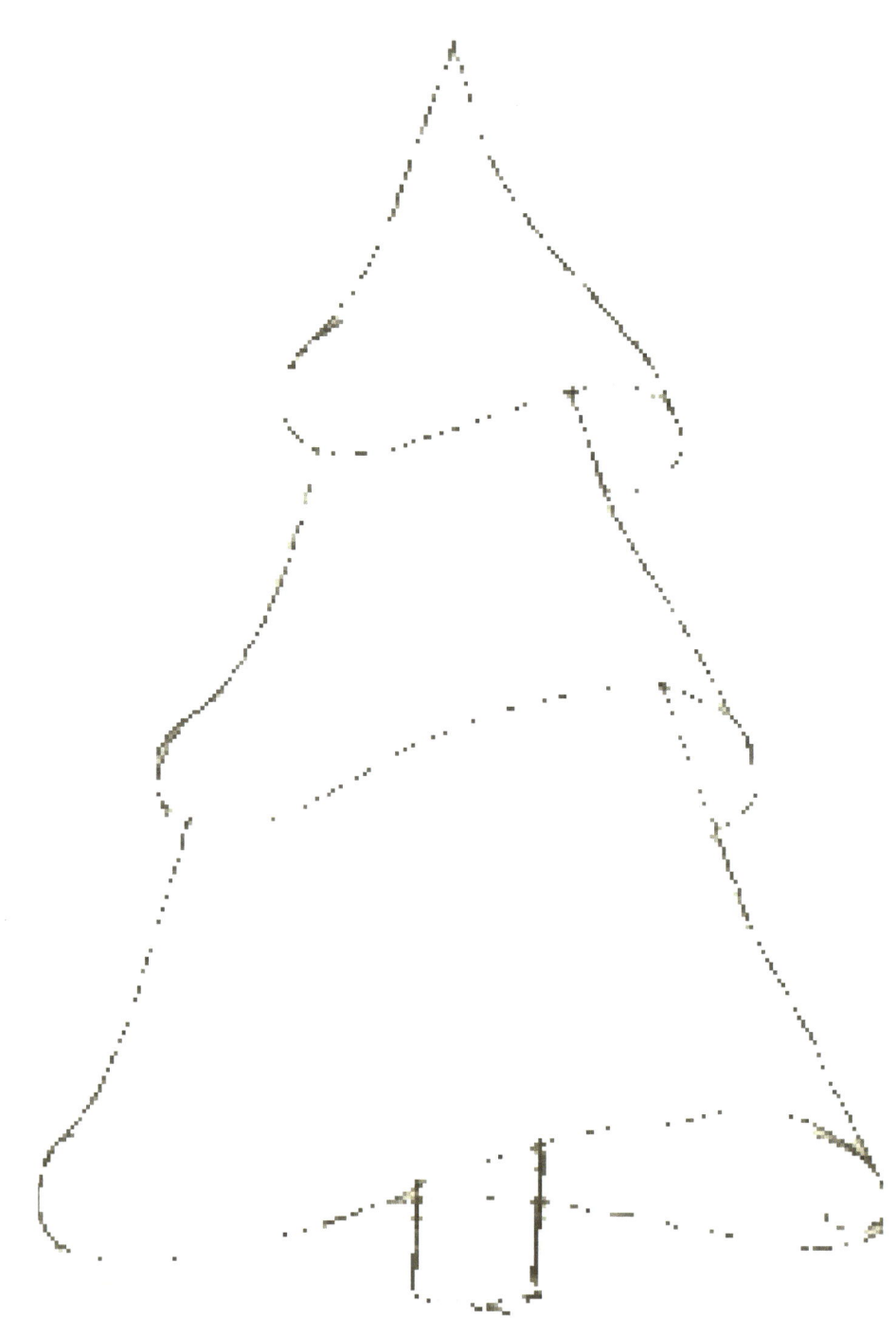

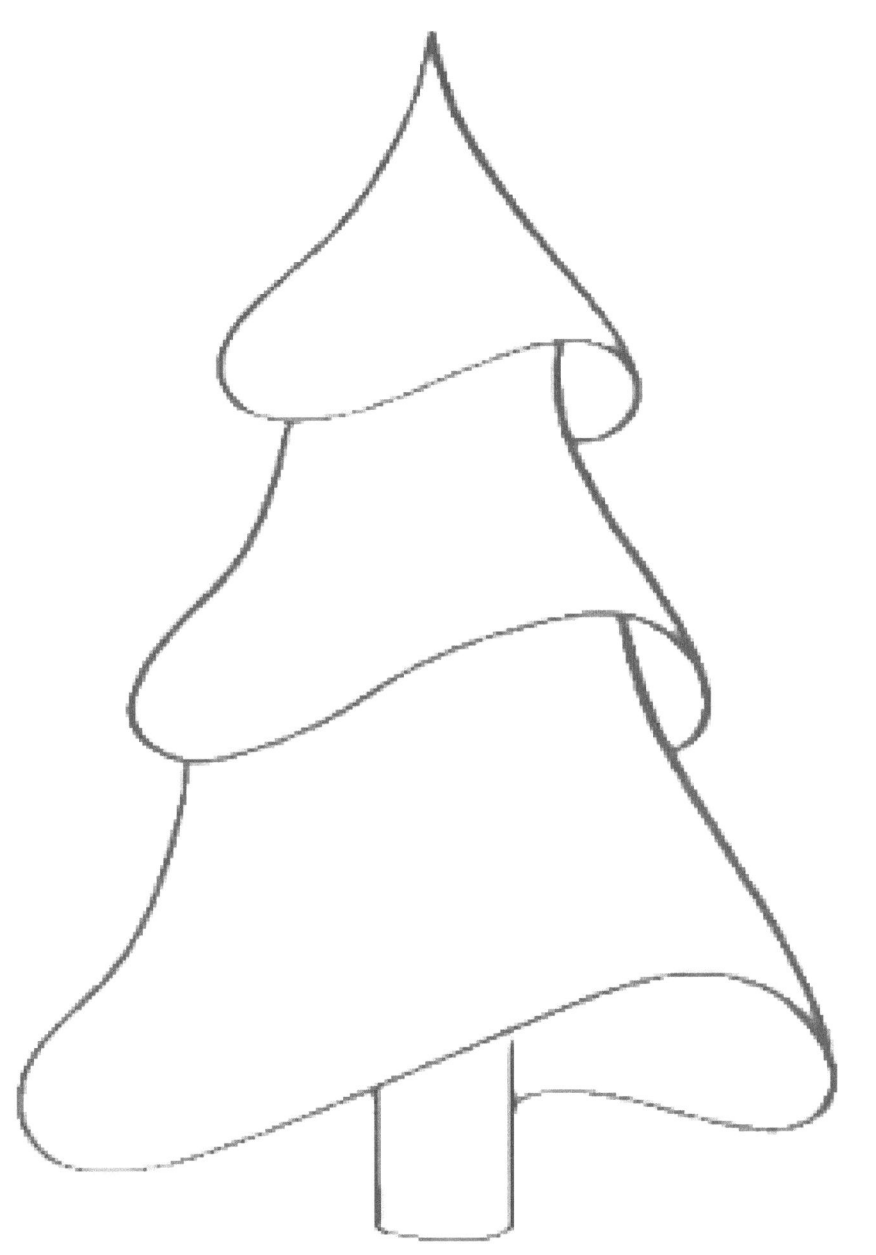

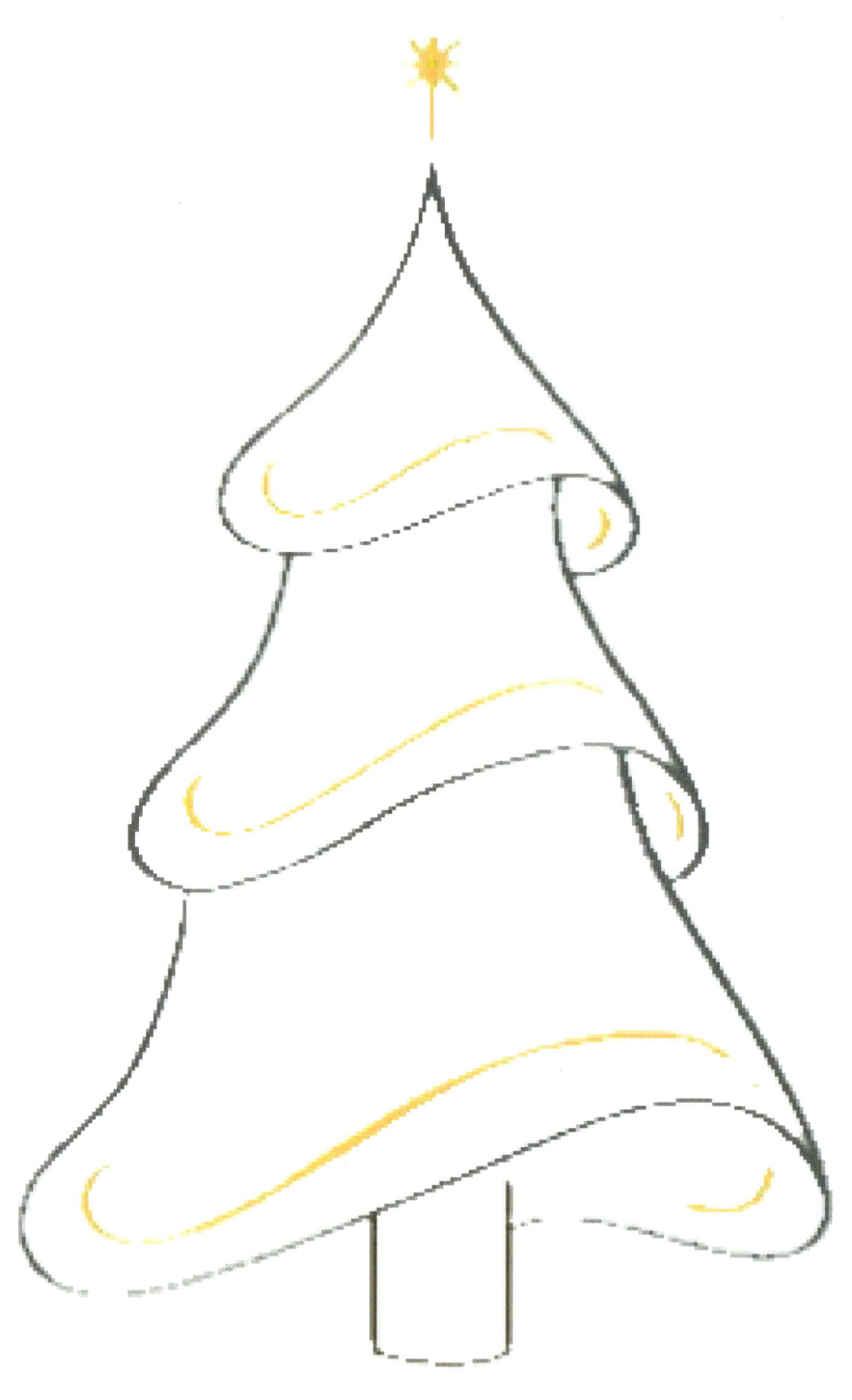

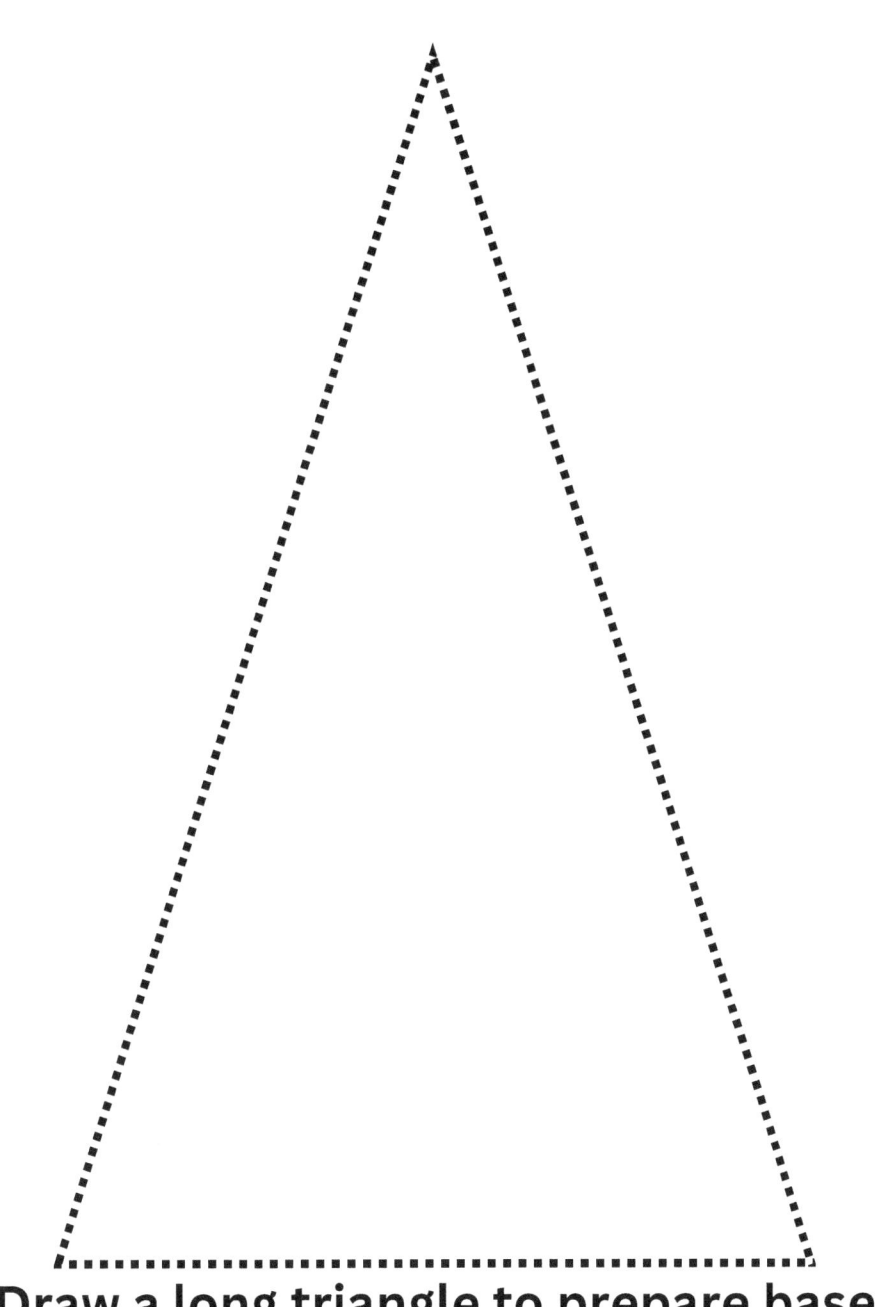

Draw a long triangle to prepare base
of each christmas tree

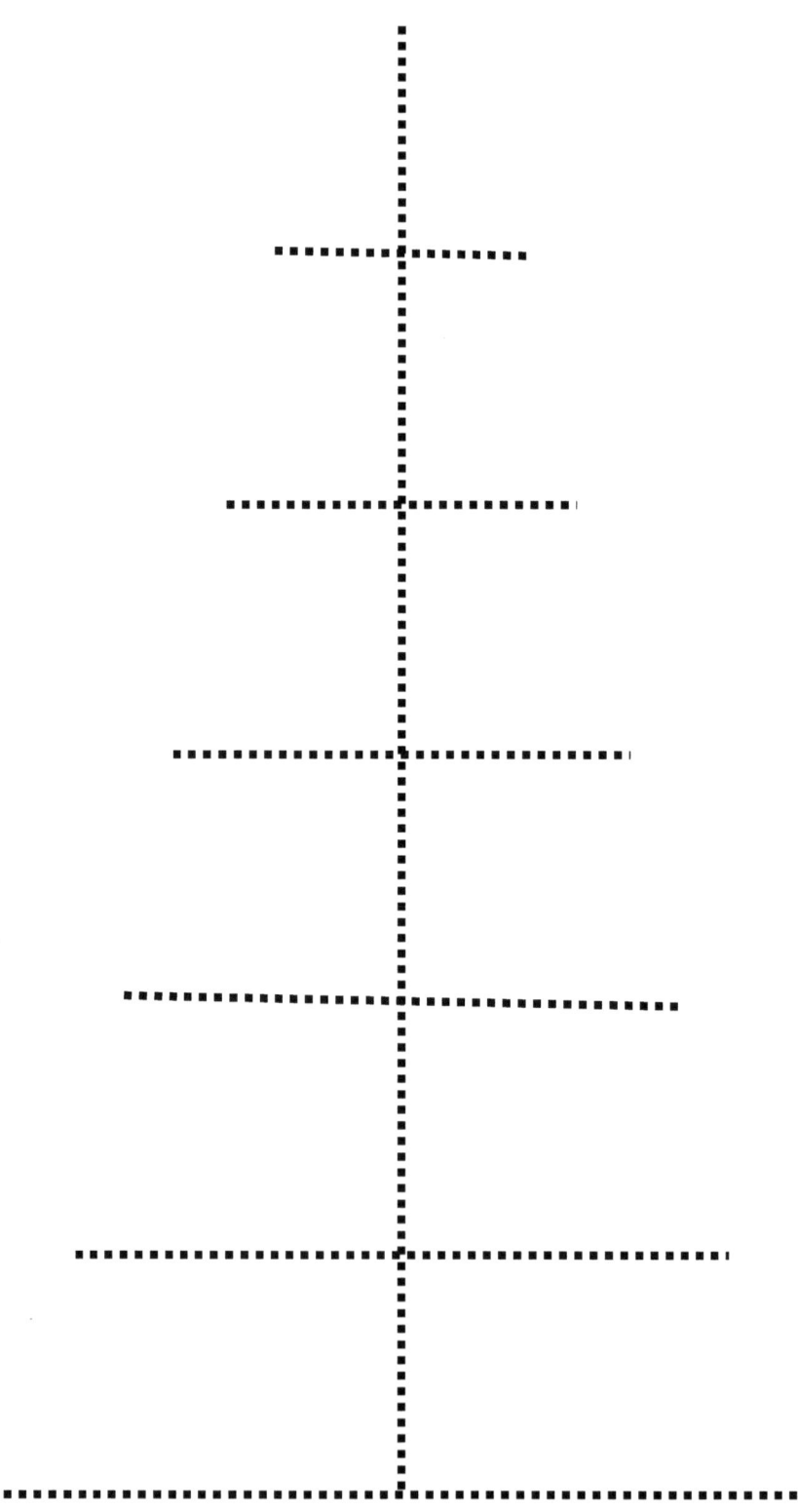

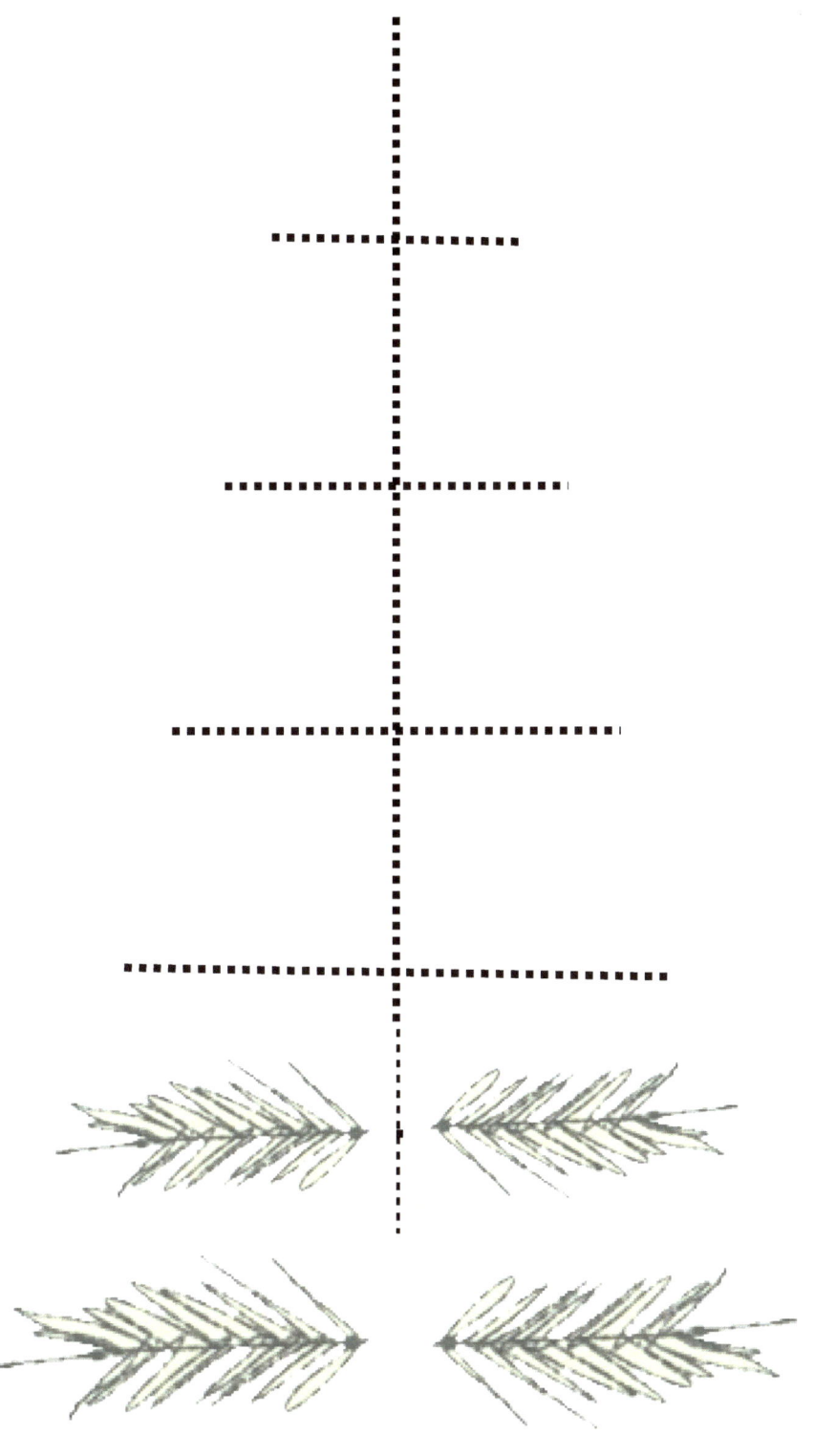

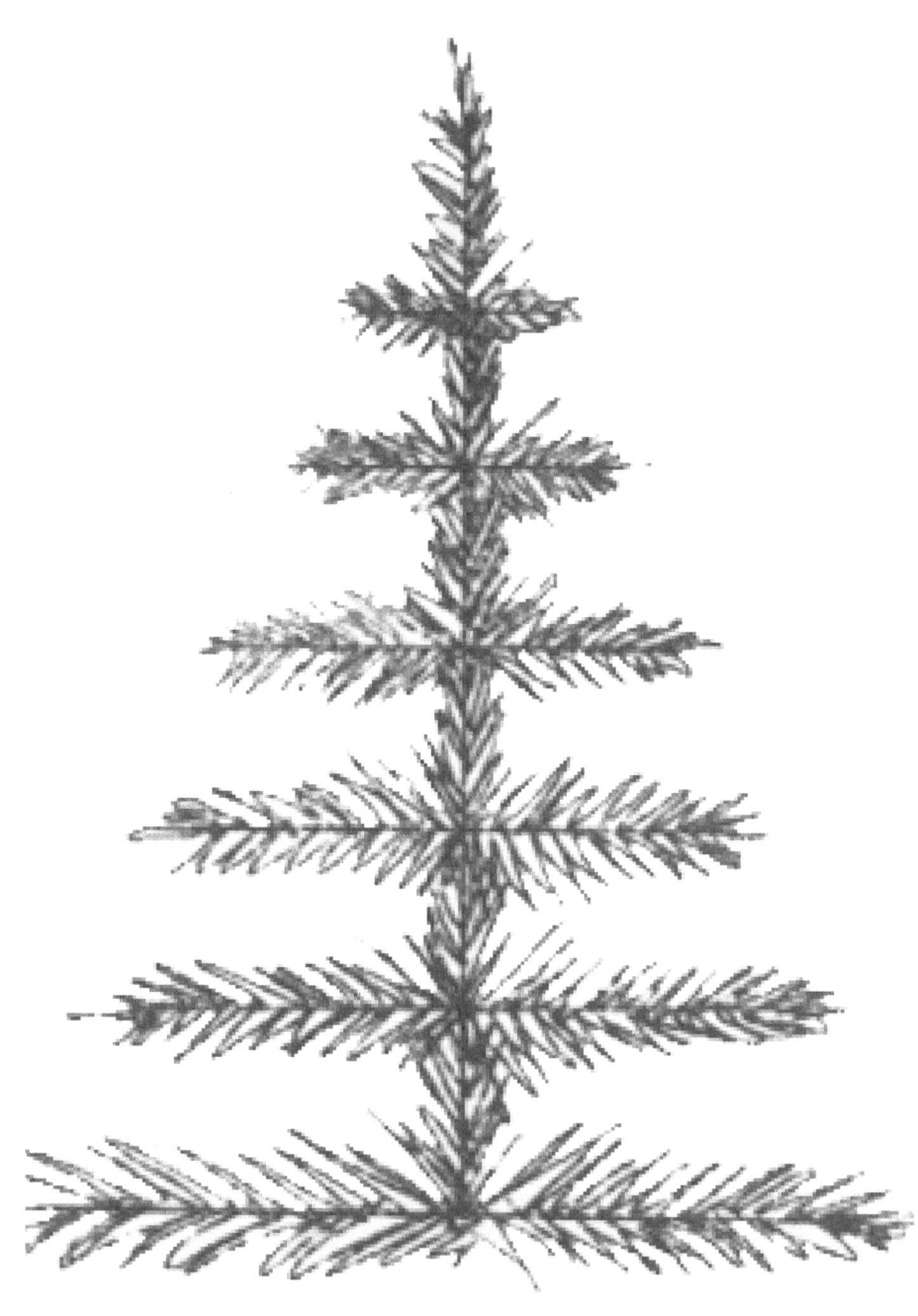

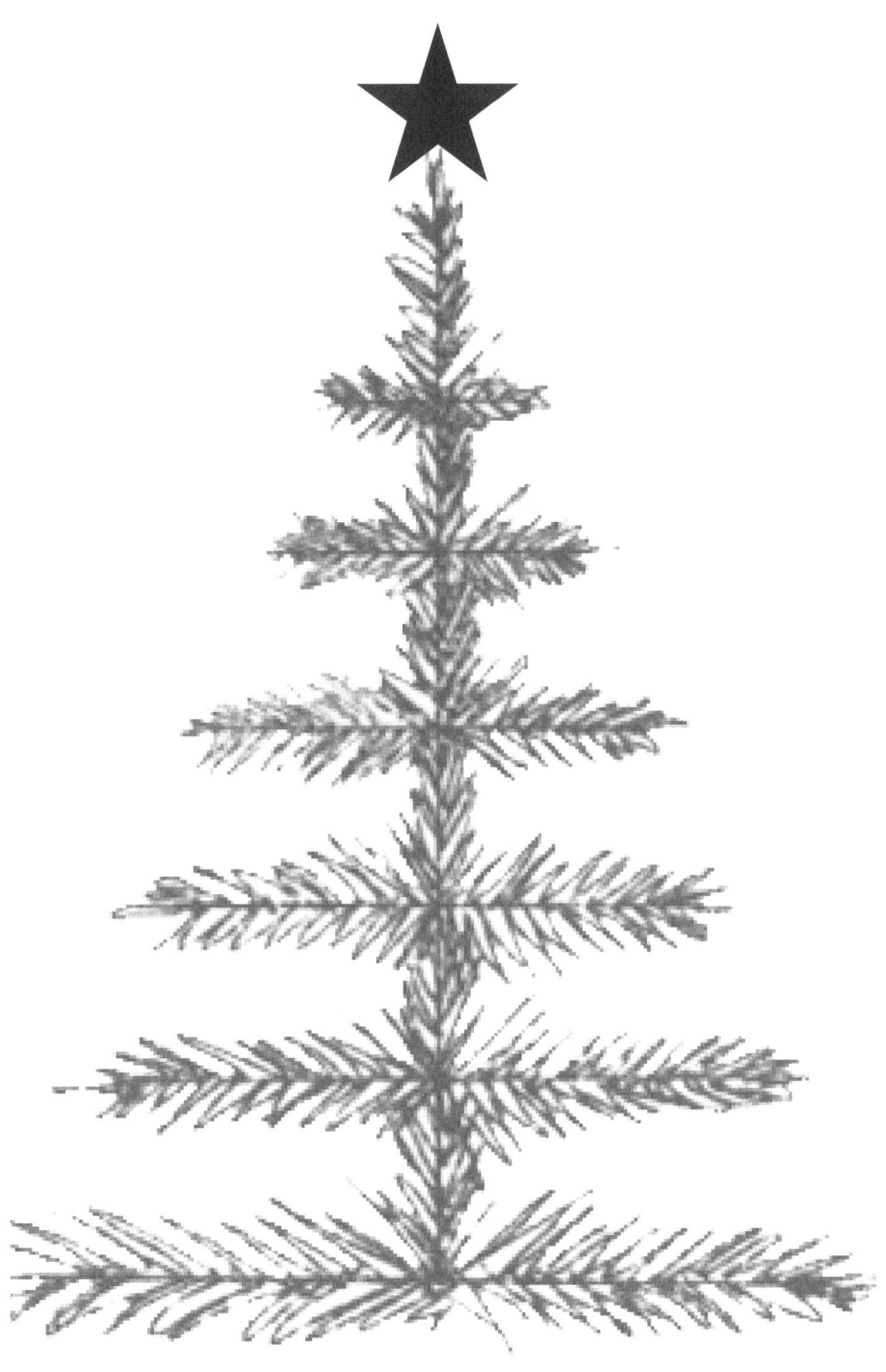

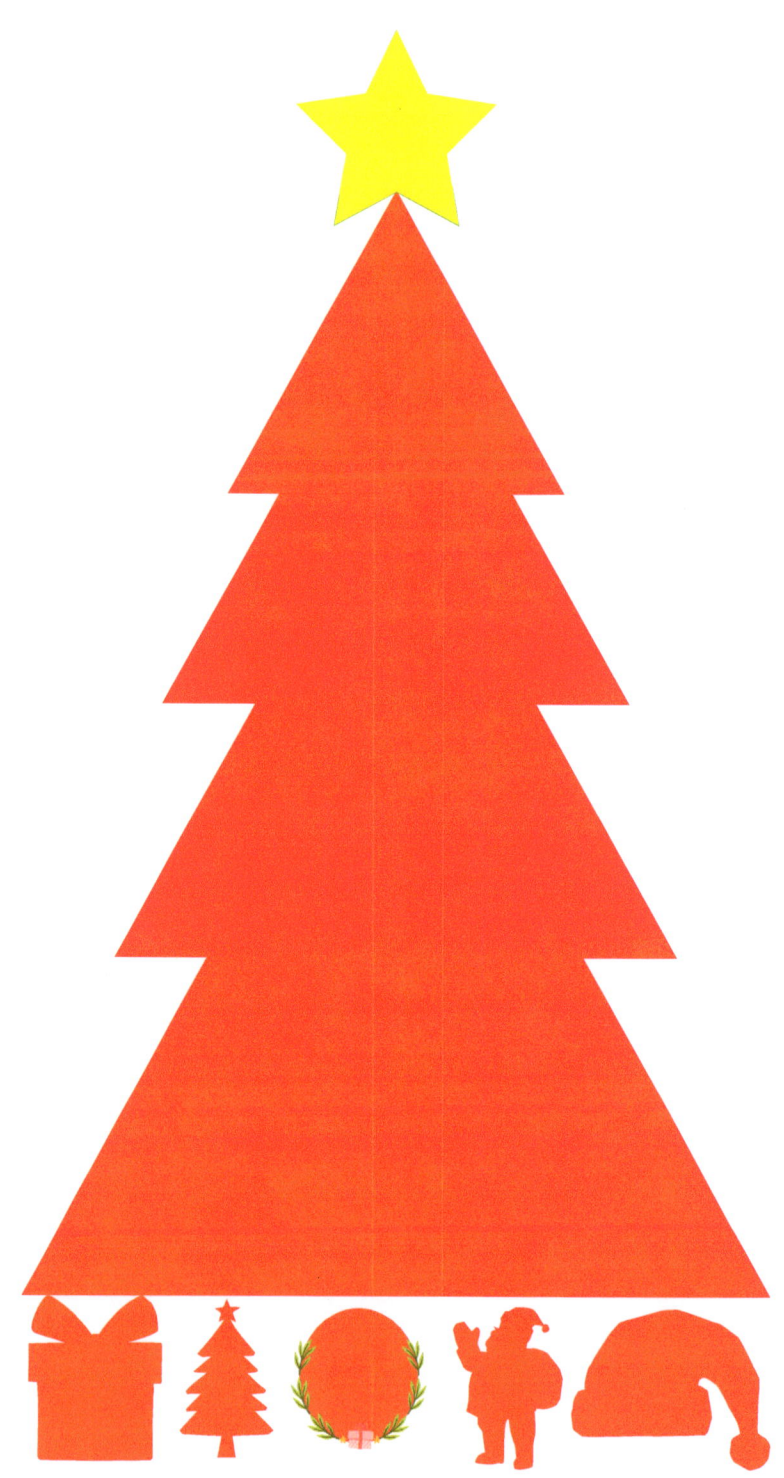

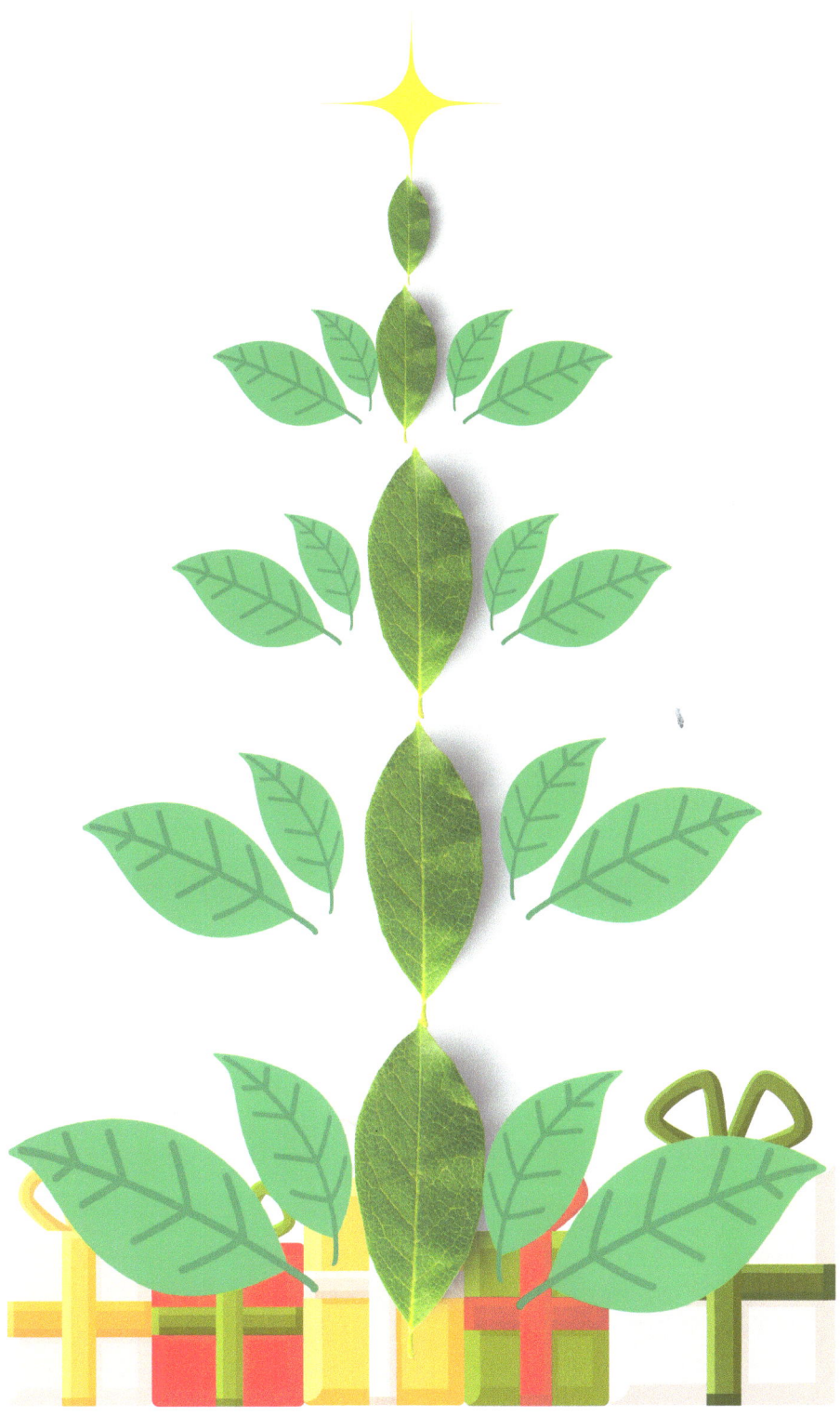

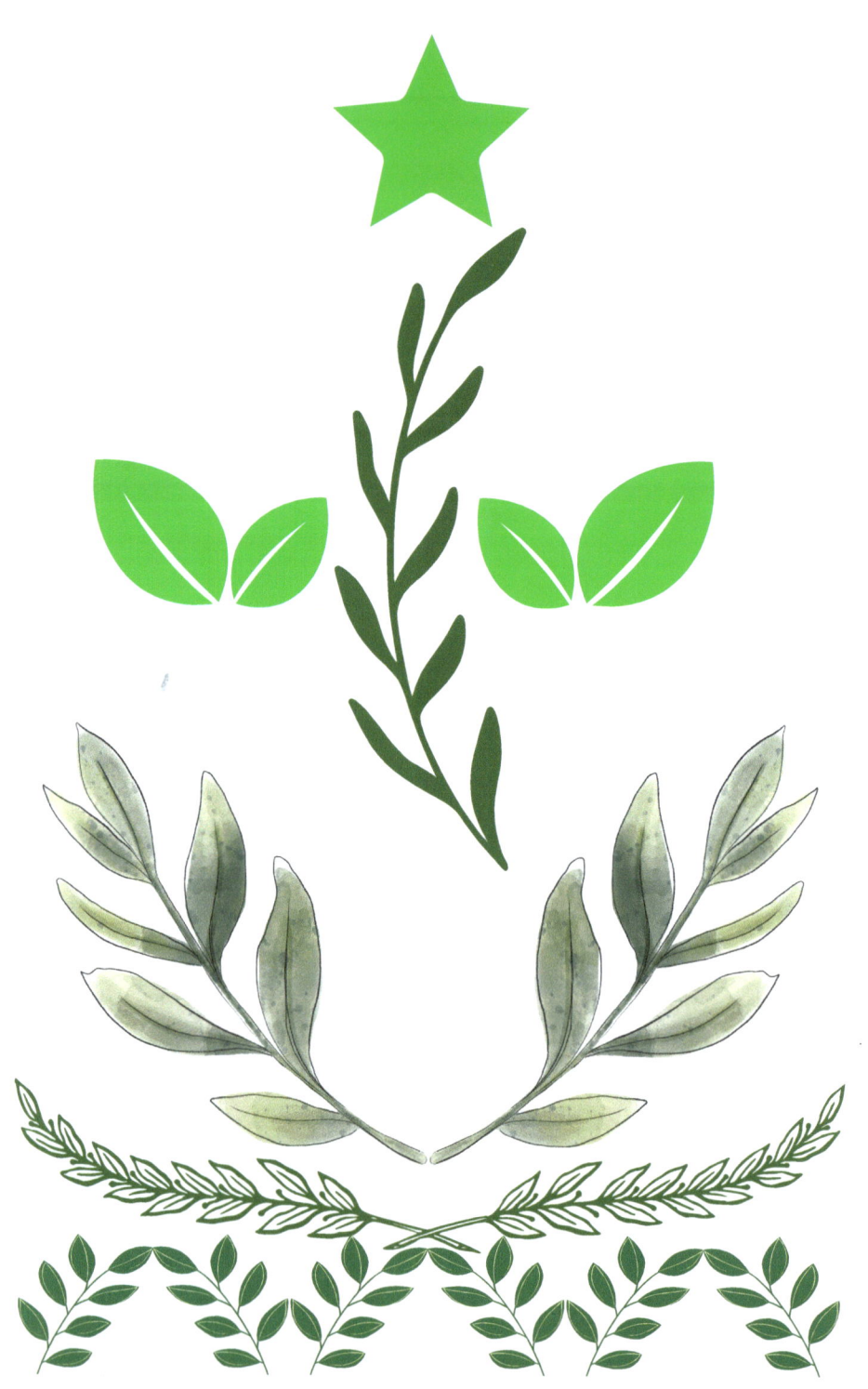

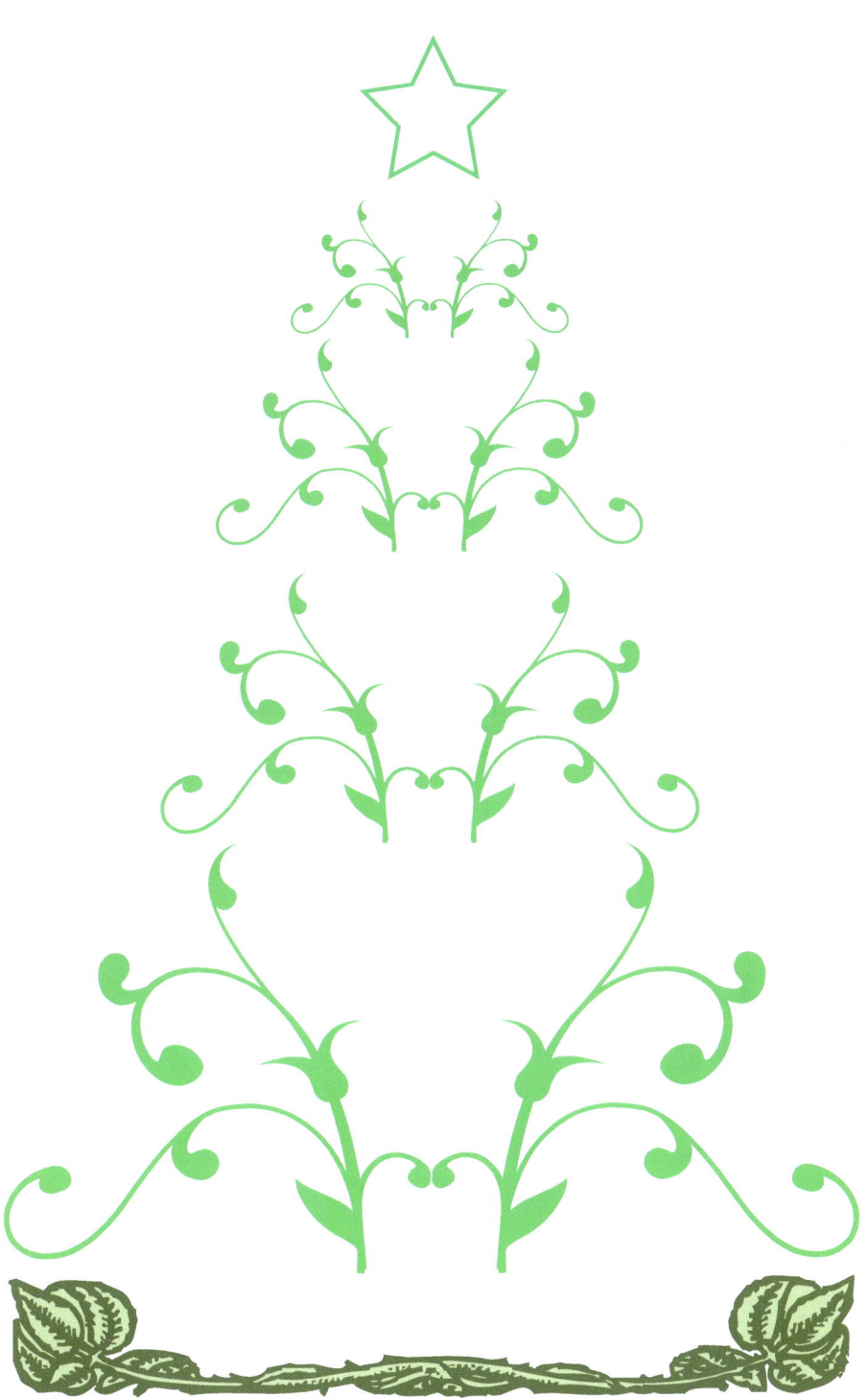

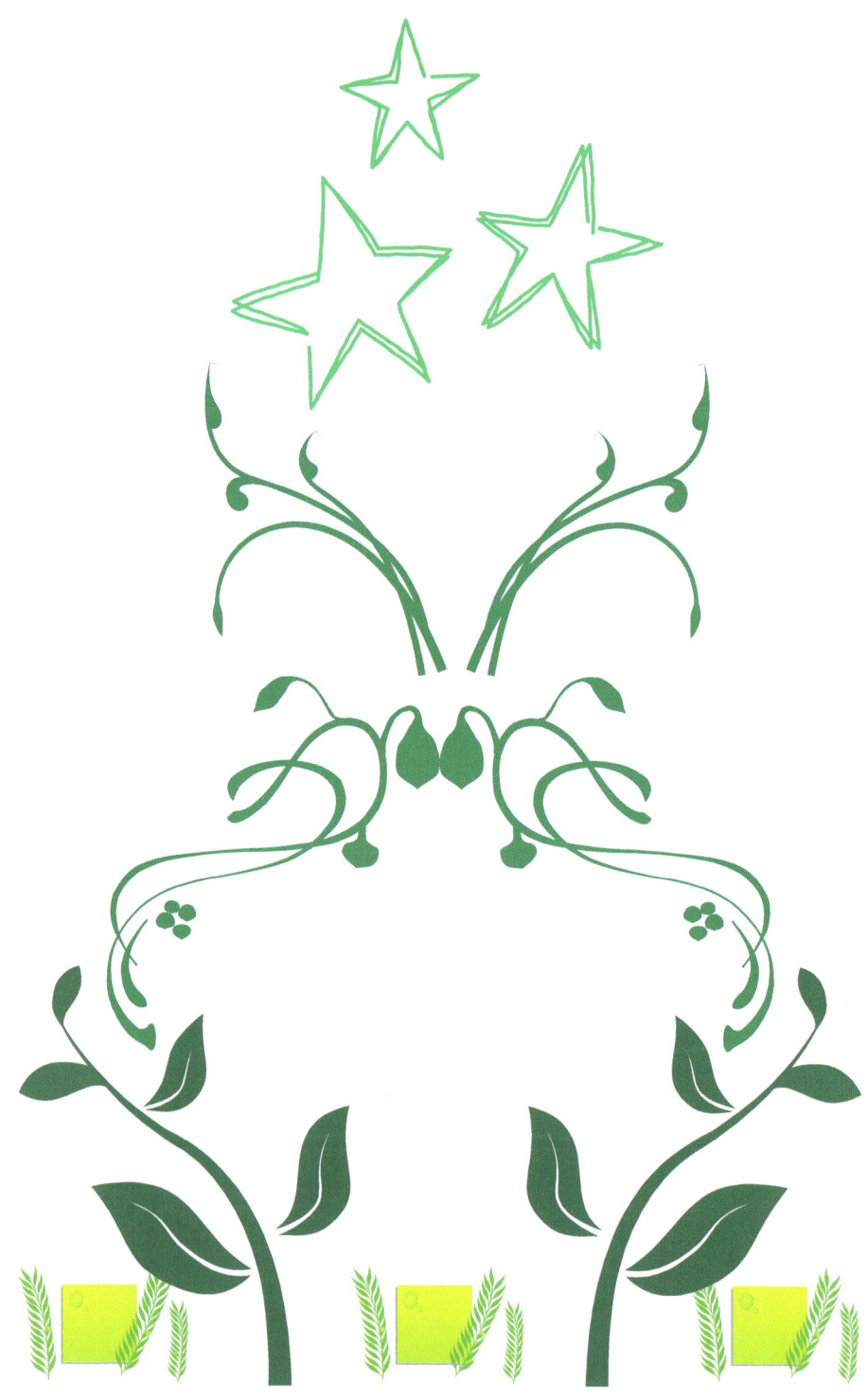

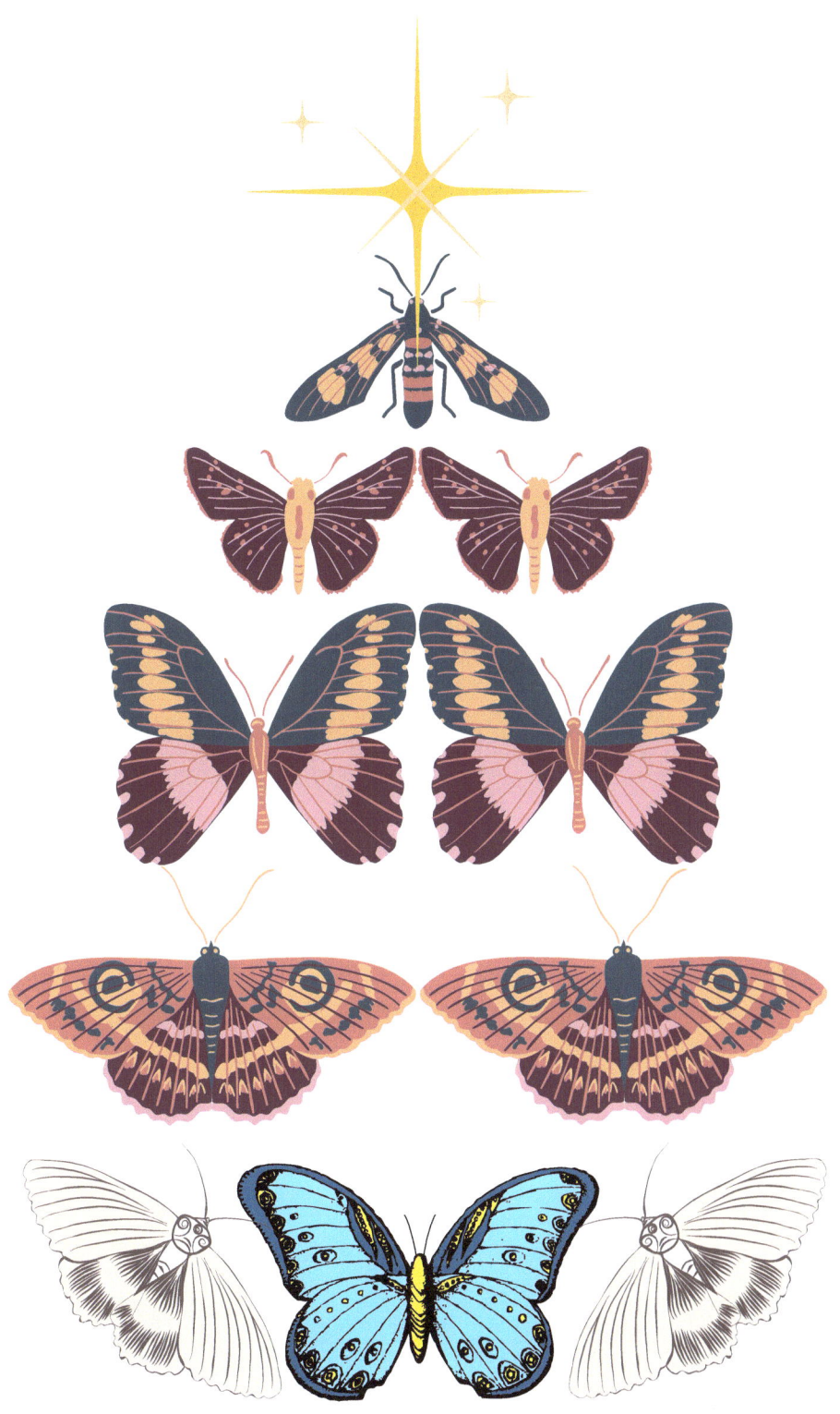

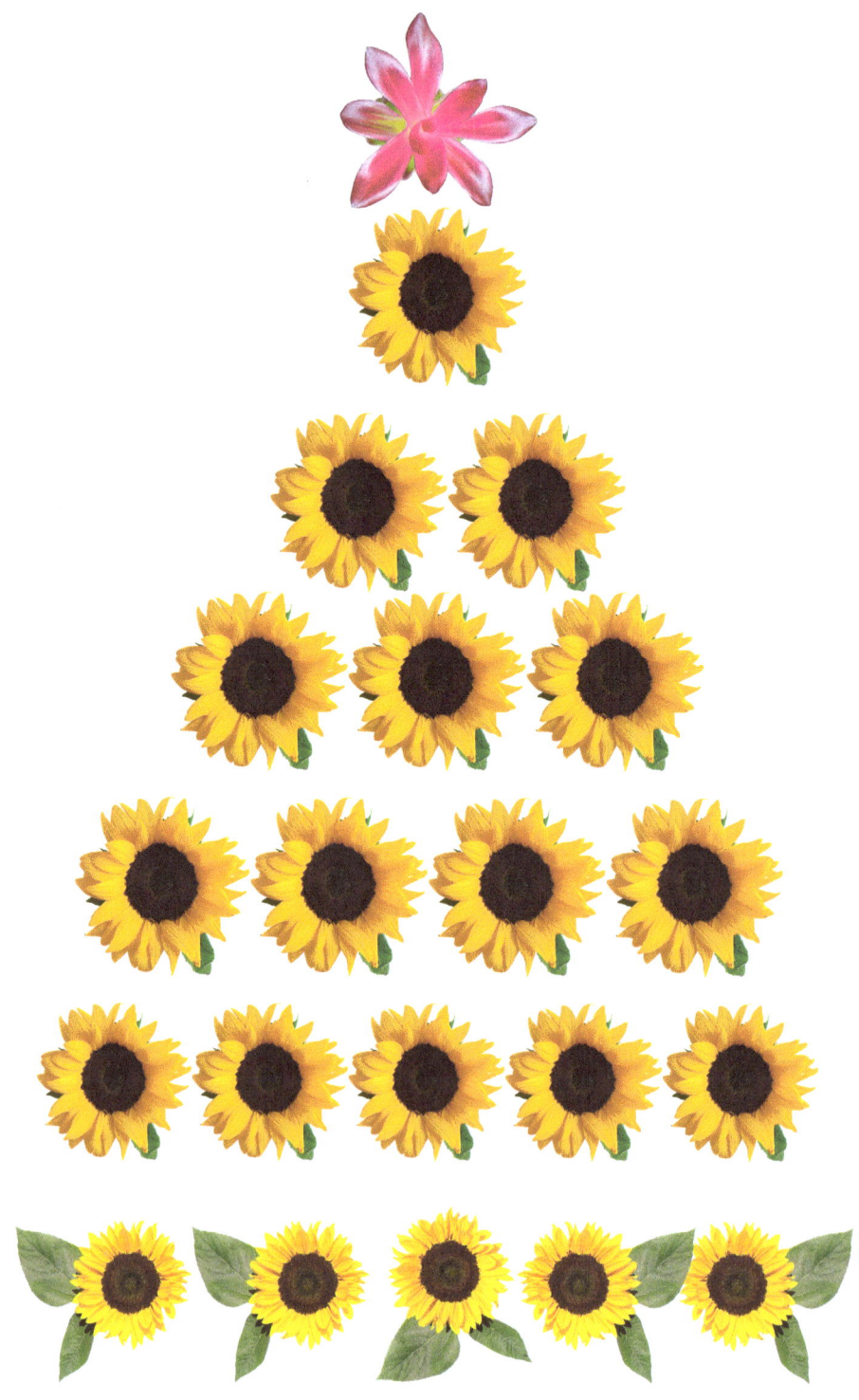

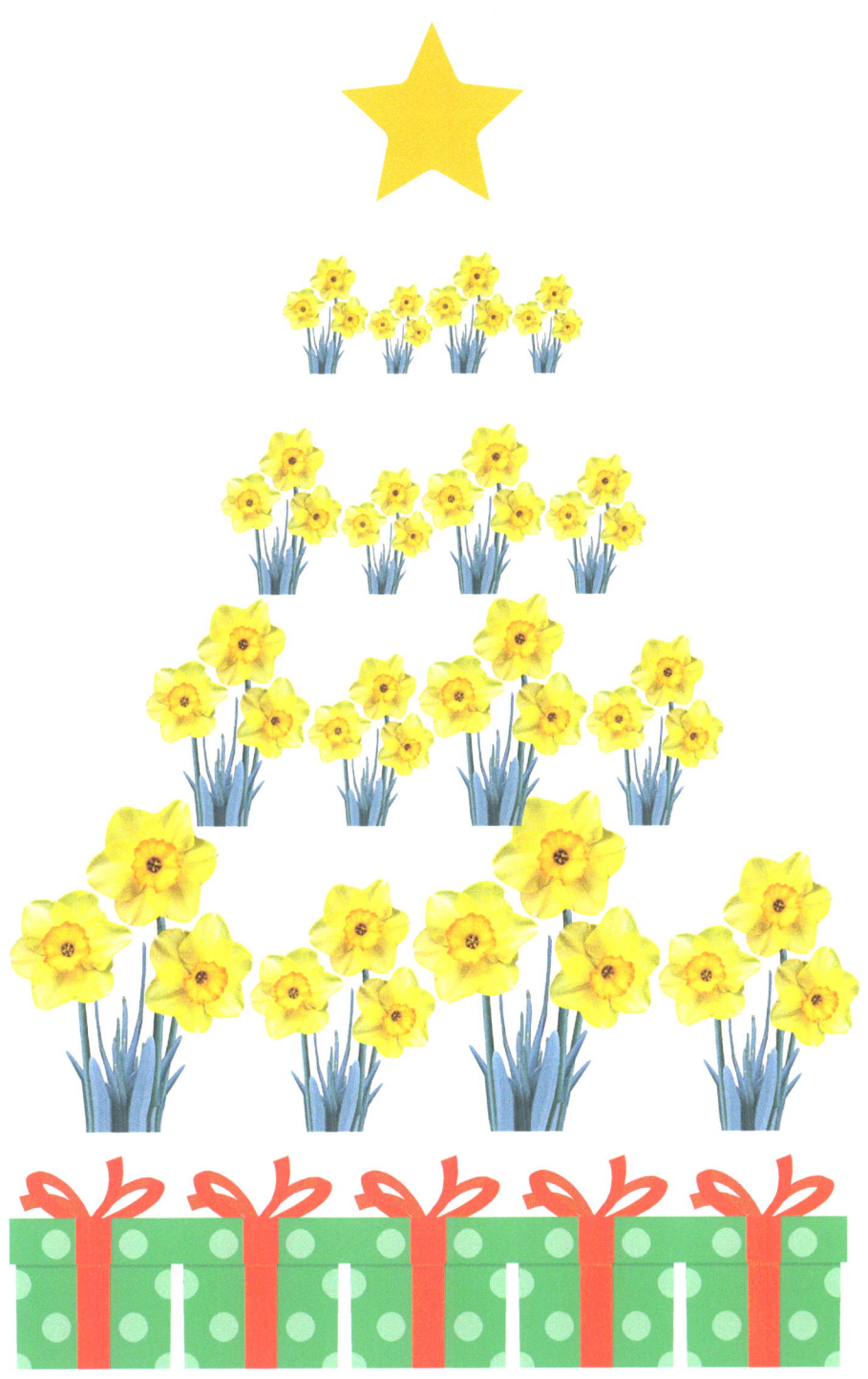

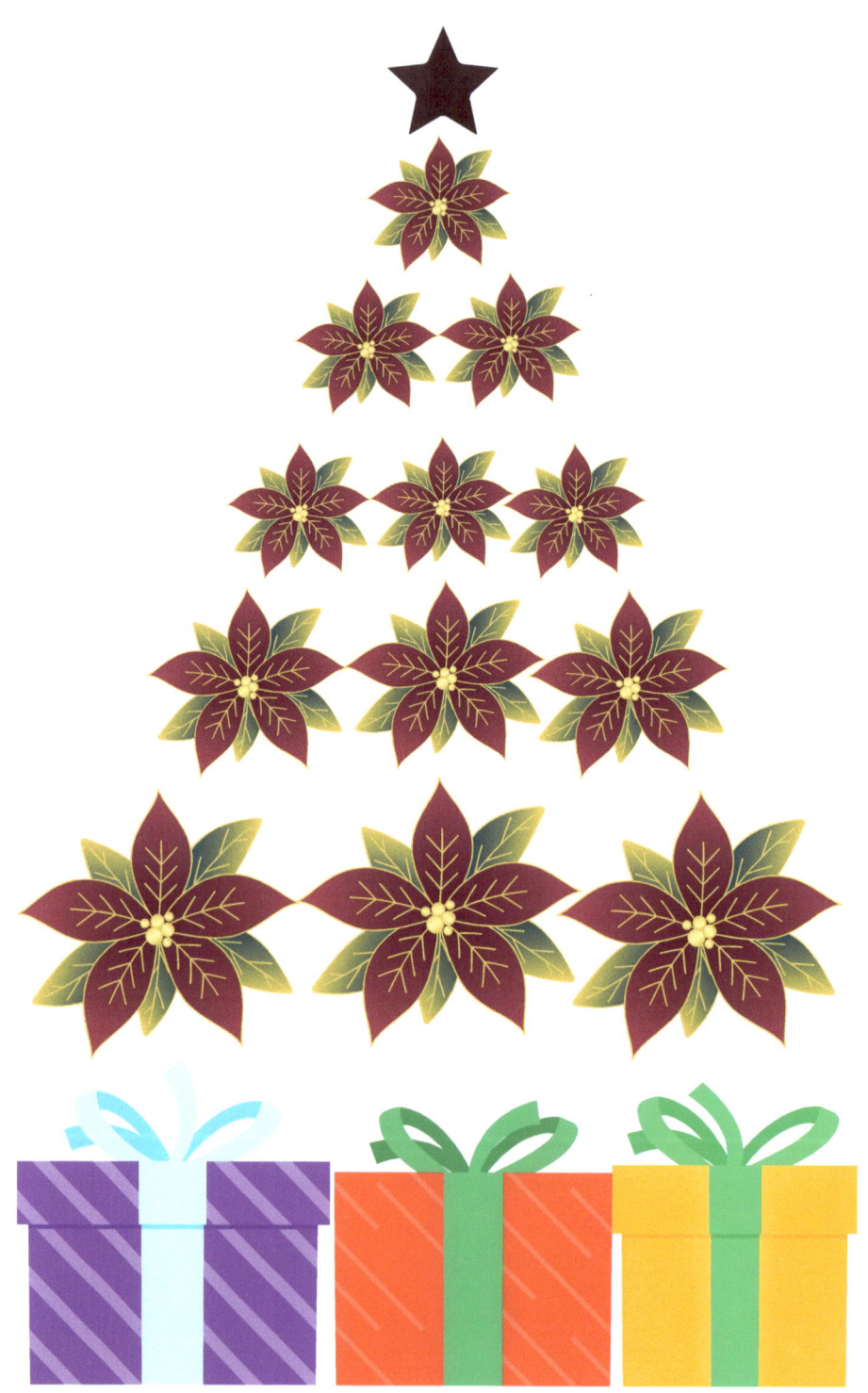

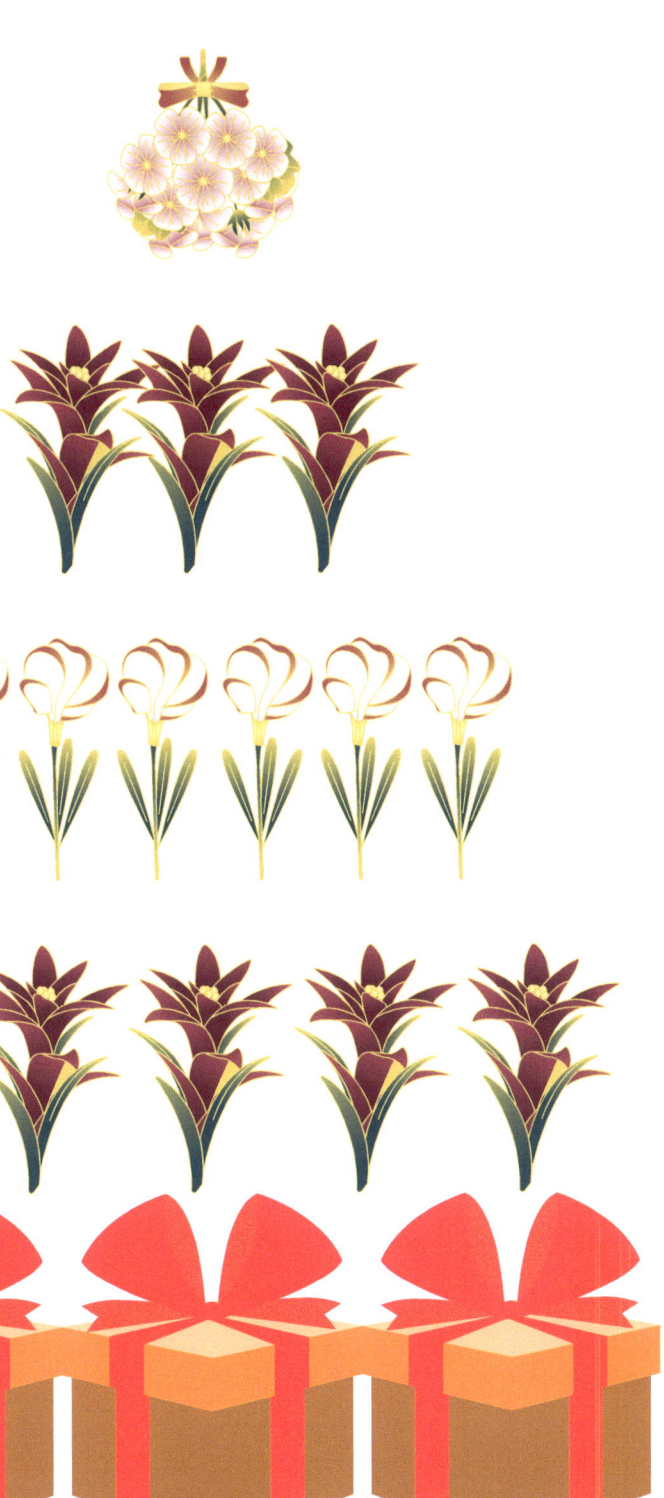

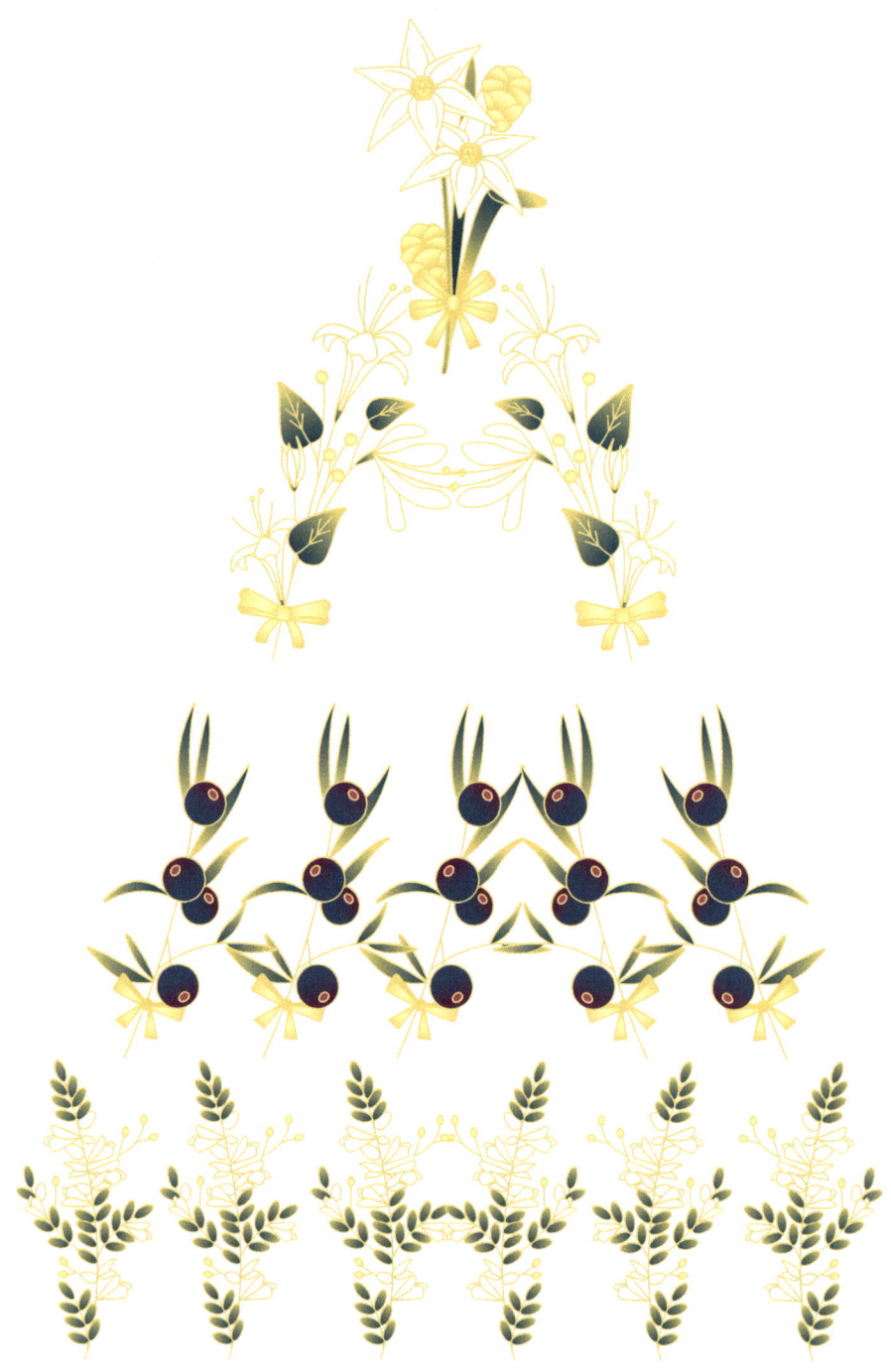

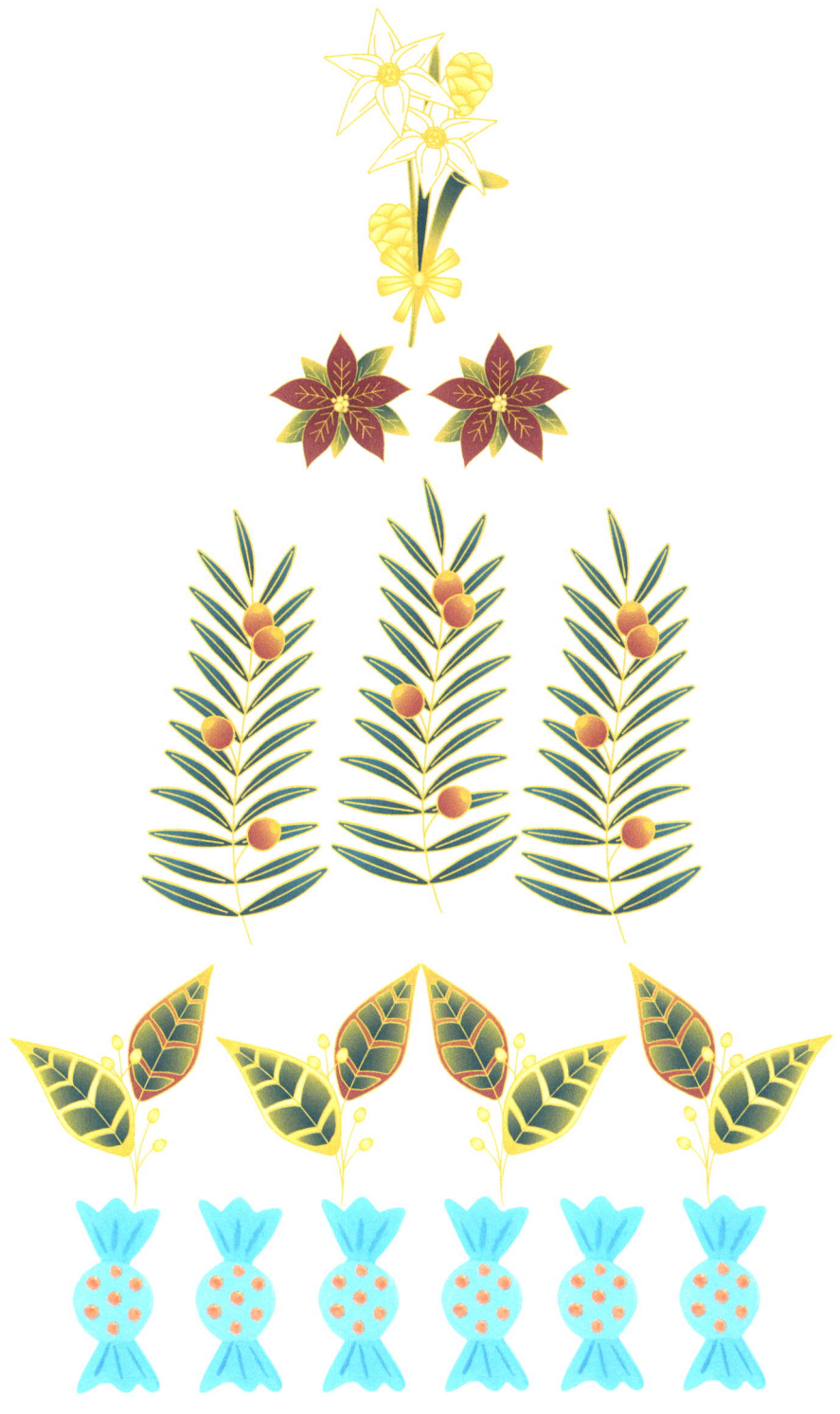

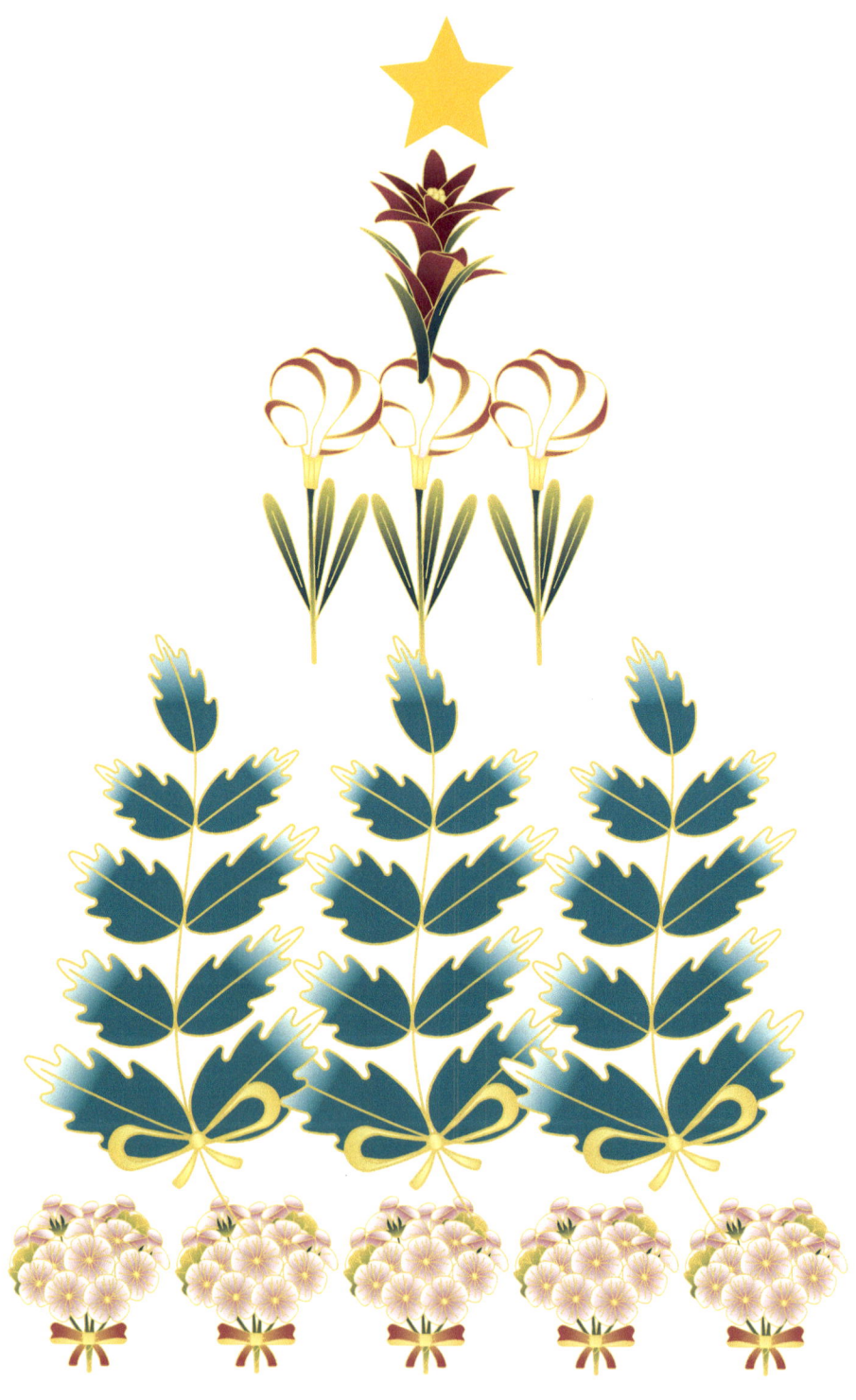

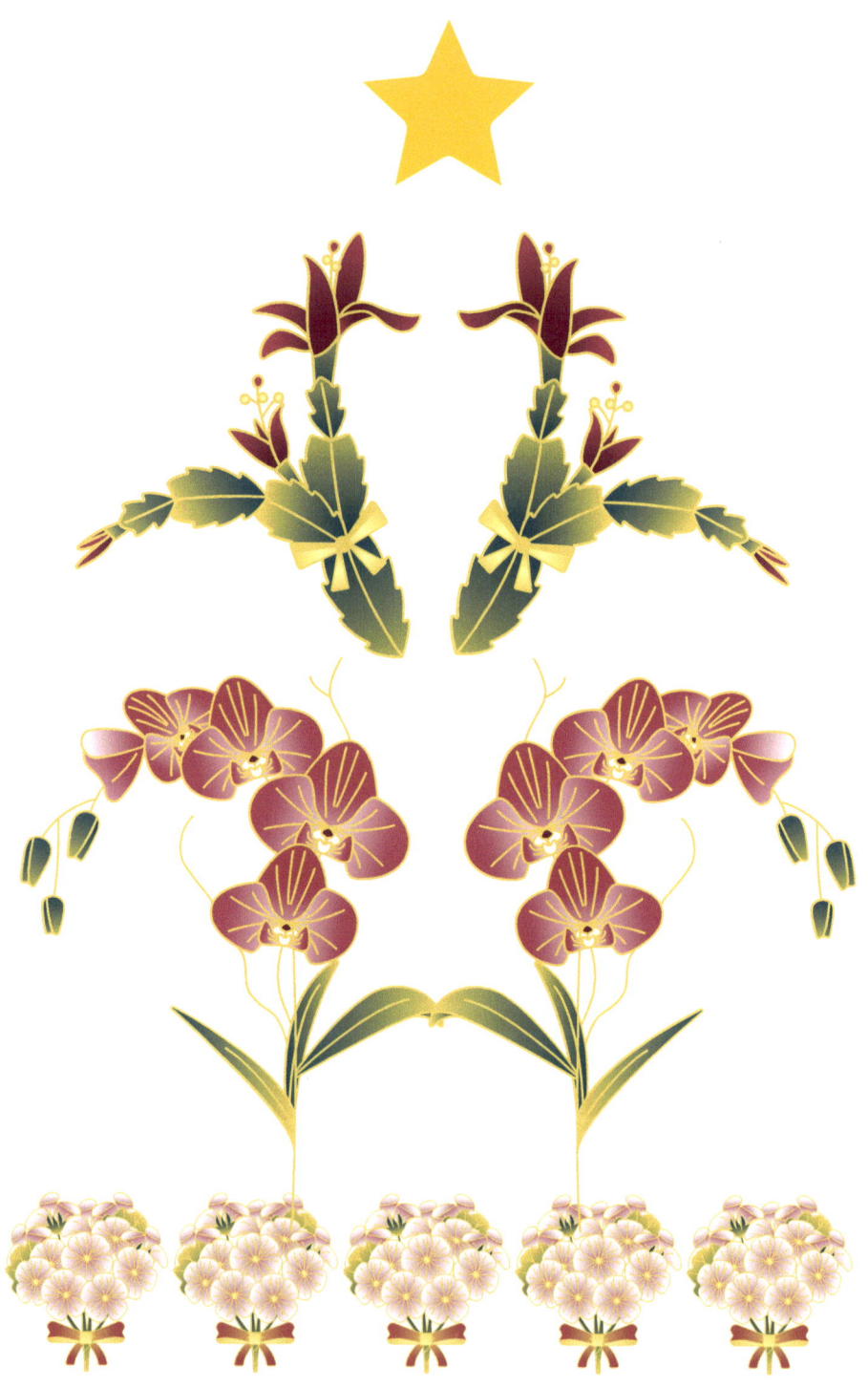